Inhalt

2	Was wir zum Musizieren benötigen	Übersicht über alle Instrumente und Materialien	
3	Wie wir Musik aufschreiben und lesen können	Übersicht über Möglichkeiten der Notation	
4	Gymnastik für die Stimme	Rhythmisches Sprechen und Patschen	6/7
5	Hallo, Klasse vier	Rhythmisches Sprechstück	6/7
6/7	Auf hoher See – Musikalische Bilder	Bilder in Musik umsetzen	10/11
8/9	Im Zauberwald	Eine Klanggeschichte	14/15
10/11	Schamanenzauber	Spielstück und Liedbegleitung	16/17
12/13	Das Pferderennen	Spielsatz für Orffsche Instrumente	18/19
14	Cyperspace-Rap	Boomwhacker-Begleitsatz	20/21
15	Am Hofe des Sonnenkönigs	Mitspielsatz zu einem Menuett	22/23
16	Marias Schlaflied für das Jesukind	Spielstück mit Vor- und Zwischenspiel	70
17	Weihnachten in Amerika	Boomwhacker-Begleitsatz	26
18/19	Filmmusik komponieren und spielen	Mit Musikbausteinen musizieren	30
20/21	Mozart und wir – Lied des Papageno	Mitspielsatz zum Lied des Papageno	34/35
22/23	Gewitter	Eine Klanggeschichte erfinden	38/39
24/25	Wir spielen Schlagzeug	Grundbeat und Pattern musizieren	46/47
26	Sababou	Bodypercussion	50
27	Obwisana sana	Mitspielsatz (Rhythmus)	51
28/29	Charleston mit Butterbrotpapier	Mitspielsatz (Rhythmus)	58/59
30/31	Sommer	Bodypercussion und Boomwhacker-Spielsatz	62
32	Abschied	Boomwhacker-Begleitsatz	64/65

Dieses Heft gehört:

Was wir zum Musizieren benötigen

Instrumente

- Klanghölzer
- Rahmentrommel
- Triangel
- Holzblocktrommel
- Röhrenholztrommel
- Päuklein
- Vibraslap
- Cabasa
- Becken mit Schlägel
- Kugelrassel
- Regenstab
- Lotosflöte
- Guiro
- Schellenring
- Knarre
- Chicken Shake
- Cowbell (Kuhglocke)
- Zimbeln
- Fingerzimbeln
- Tamtam
- Glockenkranz
- Röhrenglockenspiel
- Bar Chimes
- Glockenspiel
- Metallofon
- Xylofon
- Klangstäbe
- Bassklangstäbe
- Kastagnetten
- Stimme

Boomwhacker

Stabspiele
(Glockenspiel, Metallofon, Xylofon)

Bass (B):
Die flache Hand schlägt in die Mitte des Trommelfells.

Open (O):
die flache Hand schlägt an den Rand der Trommel.

Conga/Djembe

Verschiedene Dinge, die Klänge erzeugen

- Plastikbecher
- Flaschen
- Gläser
- Alufolie/Papier
- Luftballons

Unser Körper als Instrument

 Klatschen

 Flachhandklatscher

 Rückhandklatscher

Patschen

 Patschen auf Oberschenkel

 Patschen auf Oberarm

 Patschen auf Brustkorb

 Patschen auf Hüfte

 Patschen auf Po

 Patschen an Fuß

 Stampfen

 Schnipsen

Selbstgebaute Instrumente

 Blumentopf-Trommel

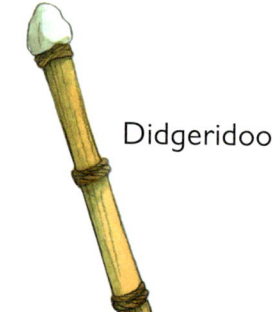 Didgeridoo

Wie wir Musik aufschreiben und lesen können

Zeichen für die Darstellung verschiedener Klänge

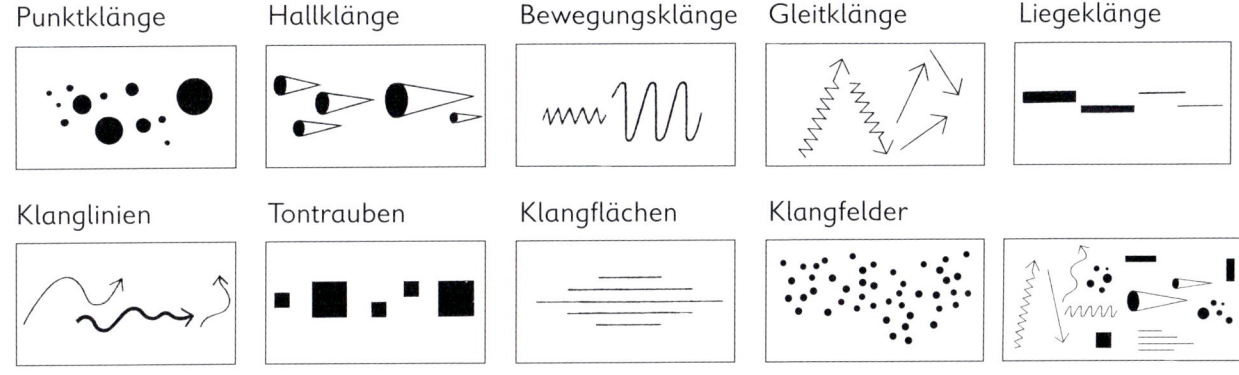

Die Klammer fasst mehrere Notenlinien zusammen. Das, was untereinander steht, wird gleichzeitig gespielt.

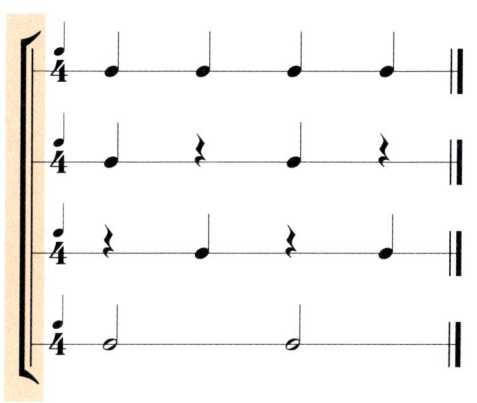

Noten für die Darstellung der Tonhöhen

Noten für die Darstellung der Tonlängen und ein Zeichen für die Pause

Gymnastik für die Stimme

1

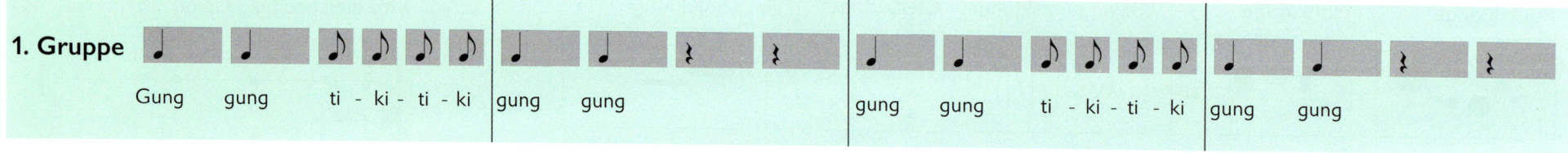

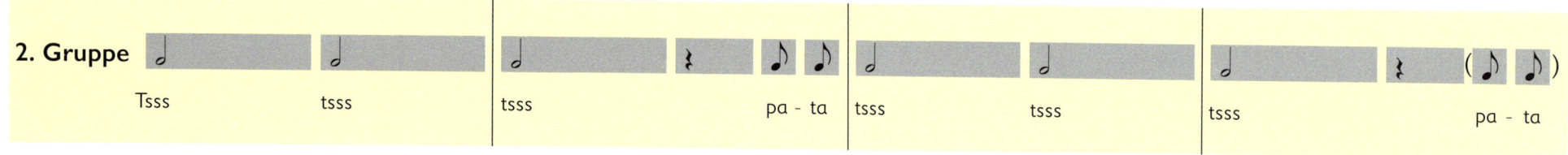

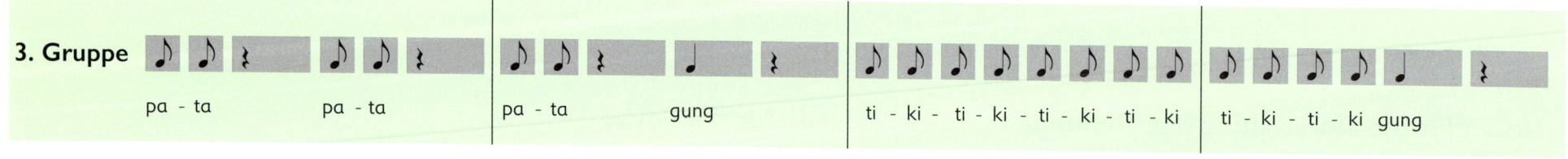

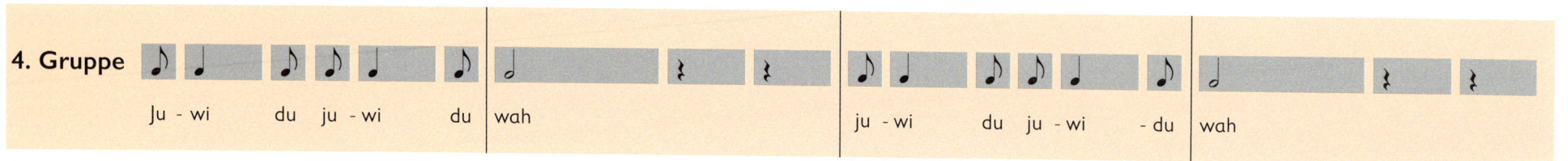

1 Macht eure Stimmen bereit für das neue Schuljahr.
Sprecht gruppenweise die Rhythmen nacheinander und auch gleichzeitig.
Patscht den Grundschlag dazu. Versucht auch, mit unterschiedlichen Tonhöhen zu sprechen.

Hallo, Klasse vier

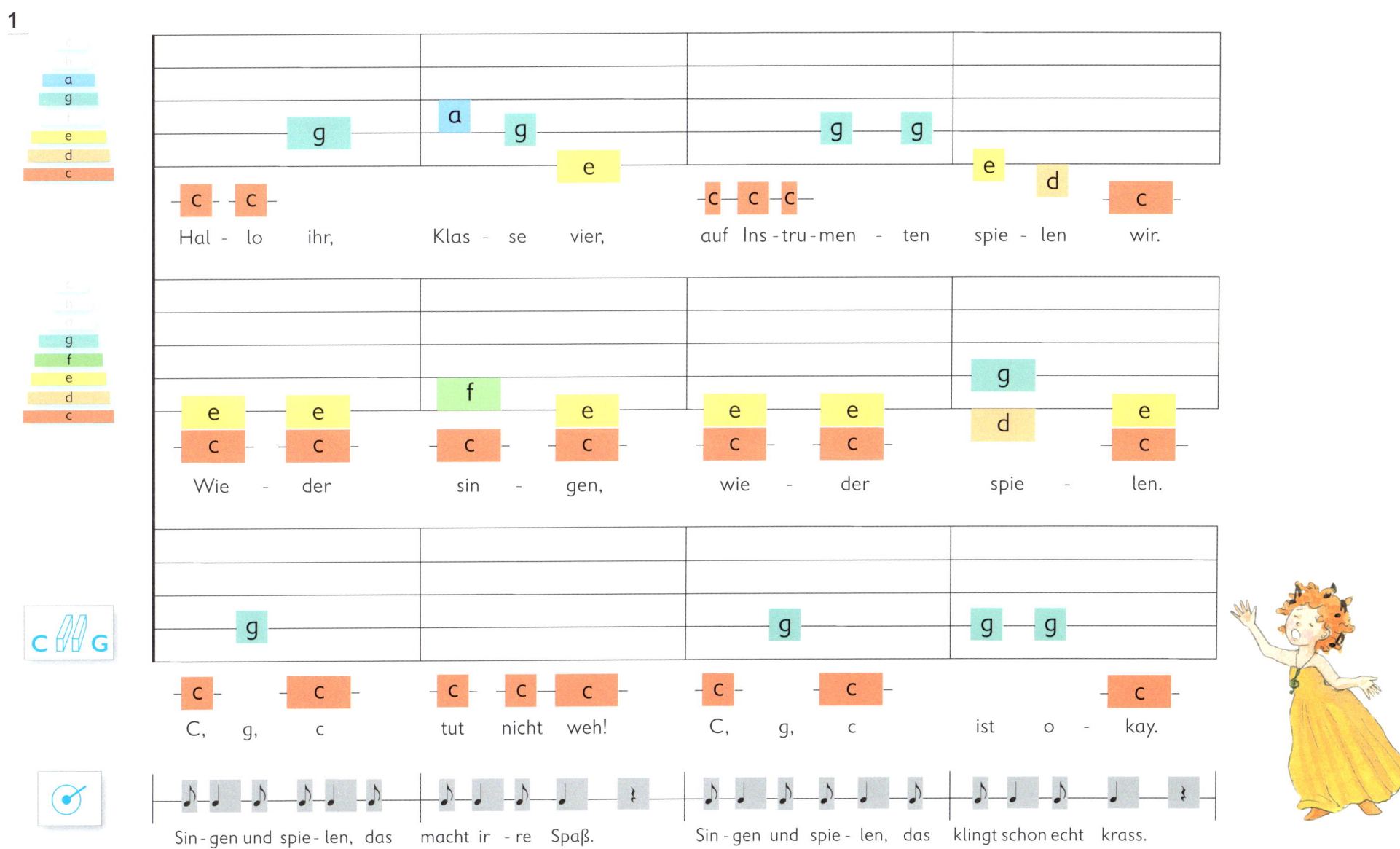

1 Musiziert gemeinsam dieses Spielstück.
Der Text hilft euch dabei, den richtigen Rhythmus zu finden.

Auf hoher See – Musikalische Bilder

1

Stellt euch vor, dass diese Bilder lebendig werden.

So wie Filme mit Musik gestaltet werden, können auch Bilder in Musik umgesetzt werden.

Ablauf	Musik

„Admiral van Tromp kreuzt gegen den Wind", William Turner (um 1844)

6 zu SB Seite 10/11 **1** Findet euch in Gruppen zusammen und setzt gemeinsam die beiden Bilder in Musik um. Zeichnet eure Ideen auf.

Elemente der Verklanglichung
- Instrumente, Klangerzeuger, Stimme
- Geräusche, Klänge, Töne, Melodien, Rhythmen
- Gestaltung: Tempo, Bewegung, Lautstärke, Stimmung …
- Ablauf: Einleitung, Steigerungen, Zurücknahmen, Abschluss

„Fischer zur See", William Turner (1796)

Ablauf	Musik

Im Zauberwald – eine Klanggeschichte

1/2

Es gibt einen Wald, weit weg von hier, in den sich nur selten ein Mensch verirrt. Unheimlich still ist es hier. Kein Vogel singt. Nur manchmal knackt es im Geäst.	 😊	Hörbar atmen
	 🪈	 ∿∿∿ ∿∿∿ ∿∿∿
Zwischen kantigen Felsbrocken stehen uralte, morsche Bäume. Sie sehen wie verzauberte Riesen aus. Und sie stöhnen und ächzen im Sturm.	 🐟	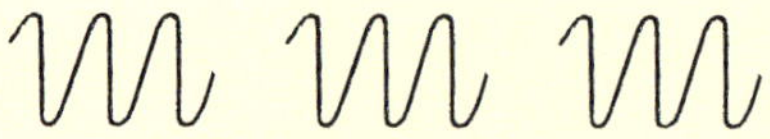 ⋙ ⋙ ⋙
	👄	Uuu^{u}uaaa Auu^{u}uu ooohhh
Aus wabernden Sümpfen steigen rötliche Dämpfe auf und der Schlamm wirft giftige Blasen.	 🗜	 ↗ ↗ ↗ ↗ ↝↝↝
	 🫙	√ √ √ √ √ ↝↝↝
Durchs Gesträuch huschen gespenstische Irrlichter. Aus der Ferne hört man das Heulen der Wölfe.	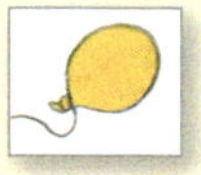 🎈	 ↝↝↝↝↝
	 👄	**Uuuuuu Uuuuuuu**

1 Sprecht und musiziert in Gruppen diese Klanggeschichte.
2 Denkt euch weitere Geräusche aus, auch für einen Klanguntergrund. Wählt dafür passende Instrumente und Klangerzeuger. Zeichnet alles auf.

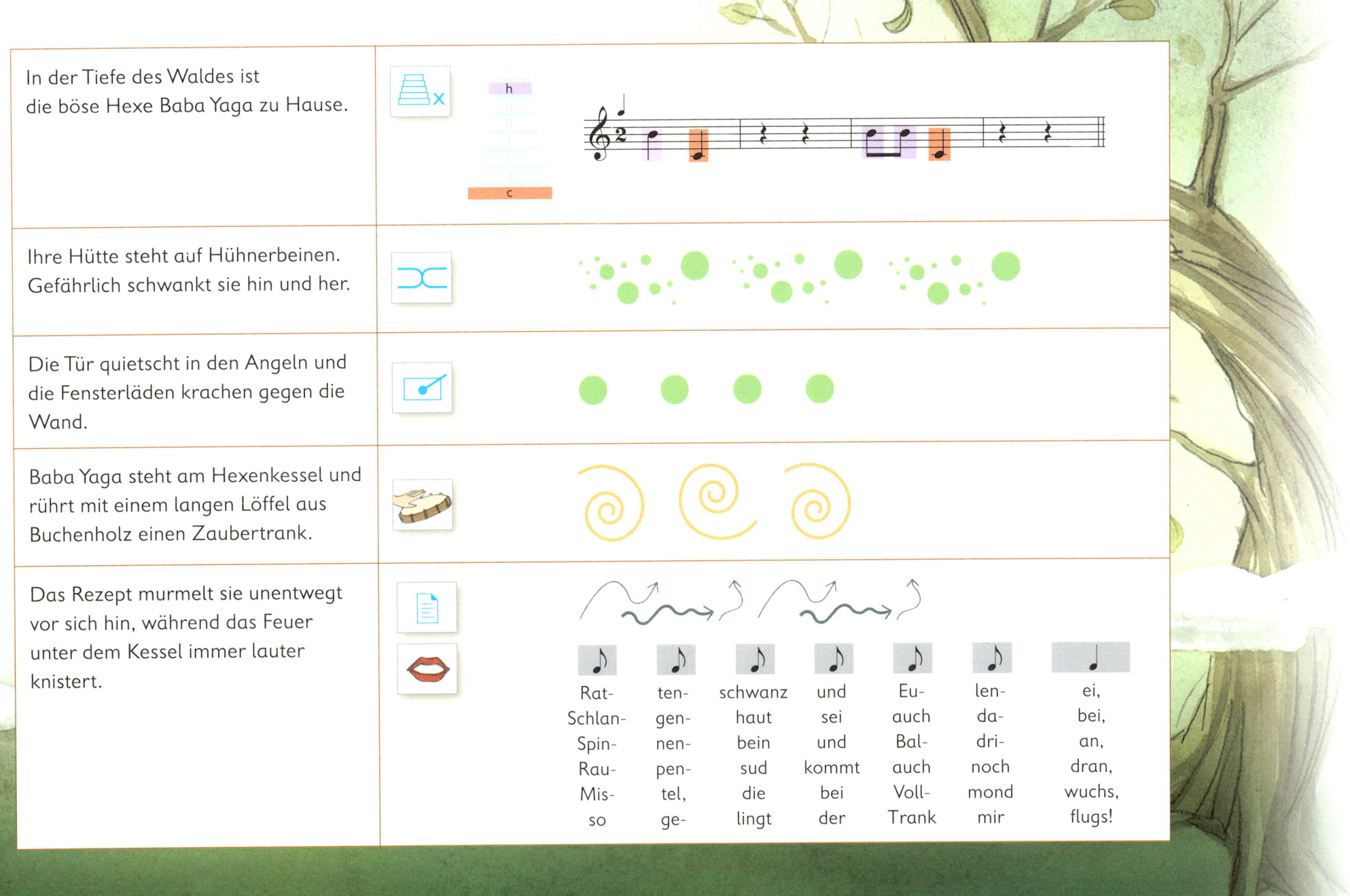

Schamanenzauber (Spielstück und Liedbegleitung)

1

10   zu SB Seite 16/17   **1** Spielt zuerst die roten Zeilen nacheinander, dann die blauen, dann die grünen. Nun spielt die Zeilen gleichzeitig. Ein Kind gibt das Tempo an, indem es das Metrum für den 4-Viertel-Takt klatscht: **1** 2 3 4 **1** 2 3 4.

Hört der Trommel Ton

Das Pferderennen

1

A langsam

A langsam	**B schnell**	**A langsam**
Die Reiter sitzen auf, die Pferde scharren mit den Hufen.	Die Reiter ziehen die Zügel straffer, die Pferde traben.	Die Reiter steigen ab und belohnen ihre Pferde.

zu SB Seite 18/19   **1** Erarbeitet euch dieses Musikstück in der Form A B A.
Teilt die Stimmen auf mehrere Spieler auf, z.B. spielen die einen nur den A-Teil ihrer Stimme und die anderen nur den B-Teil.
Ein Kind gibt das Tempo an, indem es das Metrum für den 2-Viertel-Takt klatscht: **1** 2 **1** 2.

B schnell

2	Vorspiel		
	Instrumente	Aufsitzen	Hufe scharren

	Nachspiel		
	Instrumente	Absteigen	Belohnung

2 Erfindet Klänge für ein Vor- und ein Nachspiel und schreibt sie auf.

13

Cyperspace-Rap

1

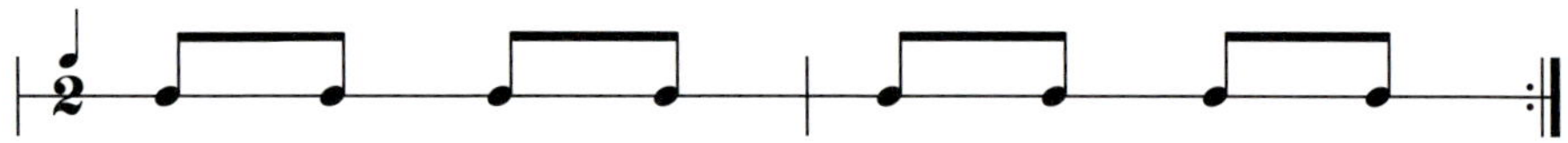

3. Spieler

2. Spieler

1. Spieler

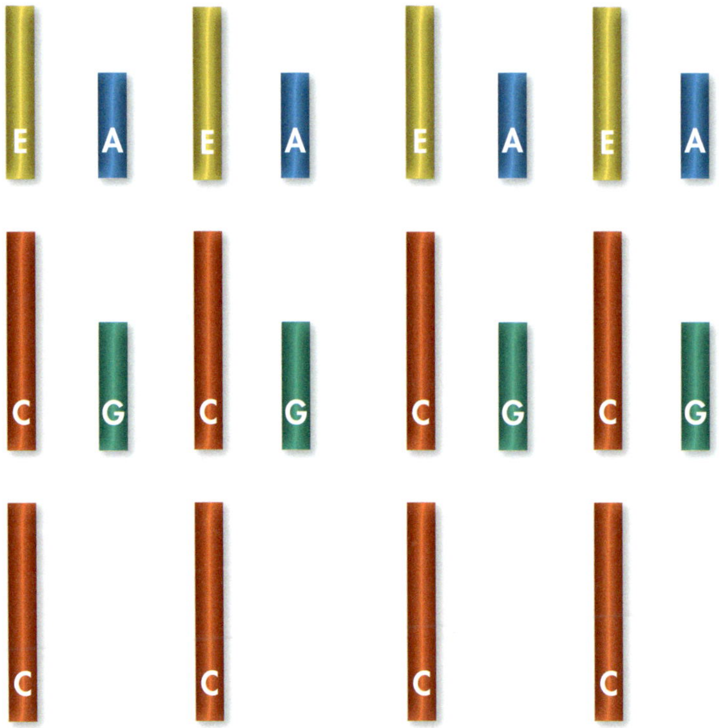

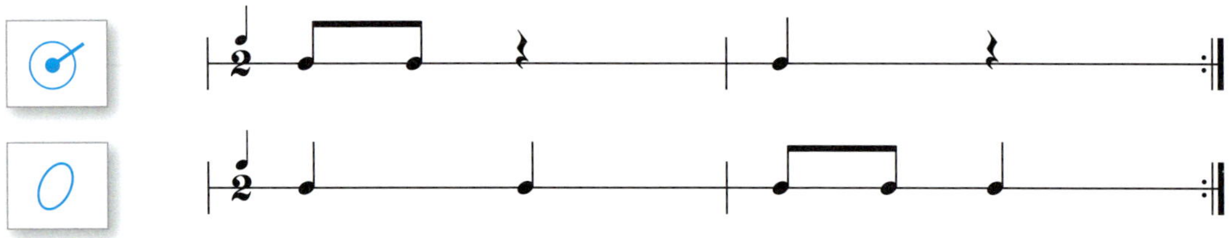

2

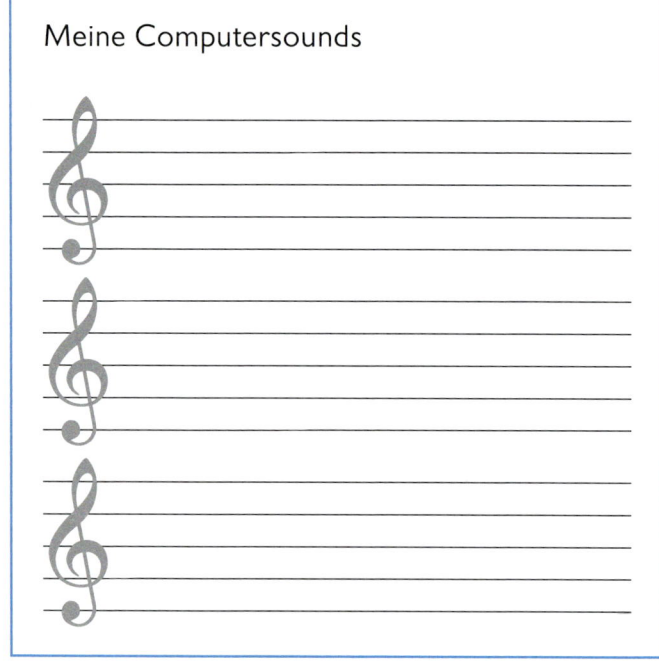

Meine Computersounds

zu SB Seite 20/21

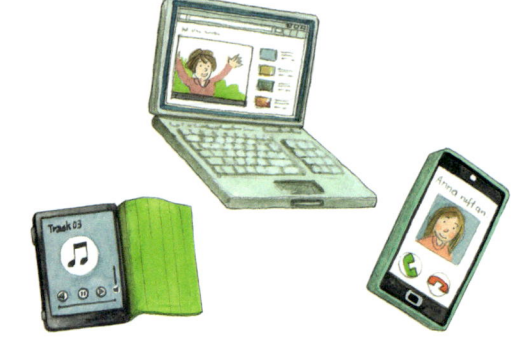

1 Begleitet mit diesen Rhythmen auf Boomwhackers und Rhythmusinstrumenten den Cyperspace-Rap.
2 Erfinde eigene Computersounds. Probiere auf Stabspielen oder Keyboards und schreibe deine Töne mit Noten auf.

Am Hofe des Sonnenkönigs

zu SB Seite 22/23 — 1/33 — Erarbeitet euch dieses Menuett. Teilt die Zeilen auf verschiedene Spieler auf. Spielt die Musik als Mitspielsatz zur Musik von der CD.

Marias Schlaflied für das Jesuskind

1 Vor- und Zwischenspiel

aus Polen
dt. Text: Klaus W. Hoffmann

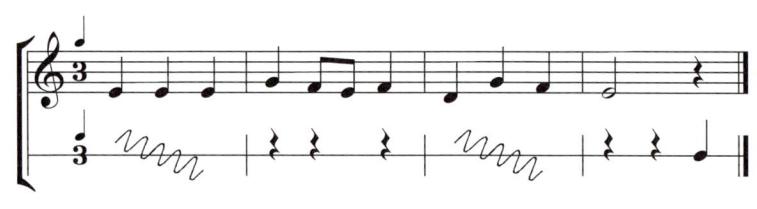

1. Lu - laj - że Je - zu - niu, mo - ja pe - rél - ko,
1. Je - sus - kind, schla - fe,__ sollst ru - hen und träu - men!
lu - laj u - lu - bio - ne me pie - ści - dél - ko.
Drau - ßen, da ra - schelt der Wind in den Bäu - men.
1.–4. Lu - lai - że__ Je - zu - niu, lu - laj - że lu - laj,
1.–4. Schla - fe, mein_ Kind, schlaf ein, lei - se, ganz lei - se
a ty go ma - tu - lu, w pla - czu u - tu - laj!
trägt dich mein Lied mit sich fort auf die - se Rei - se.

© Aktive Musik Verlagsgesellschaft, Dortmund

2 Liedbegleitung

16 zu SB Seite 70

1 Erarbeitet euch ein Vor- und Zwischenspiel zu dem polnischen Weihnachtslied.
2 Begleitet mit diesen Tönen euren Gesang. Spielt die Töne, die untereinander stehen, gleichzeitig mit zwei Schlägeln.
   Ein Kind gibt das Tempo an, indem es das Metrum für den 3-Viertel-Takt klatscht: **1** 2 3 **1** 2 3.
3 Ihr könnt das Lied auch als Spielstück gestalten, wenn ein Kind die Melodie spielt, z.B. auf dem Glockenspiel, auf dem Keyboard oder auf der Blockflöte.

Weihnachten in Amerika

W/M: Benjamin Hanby

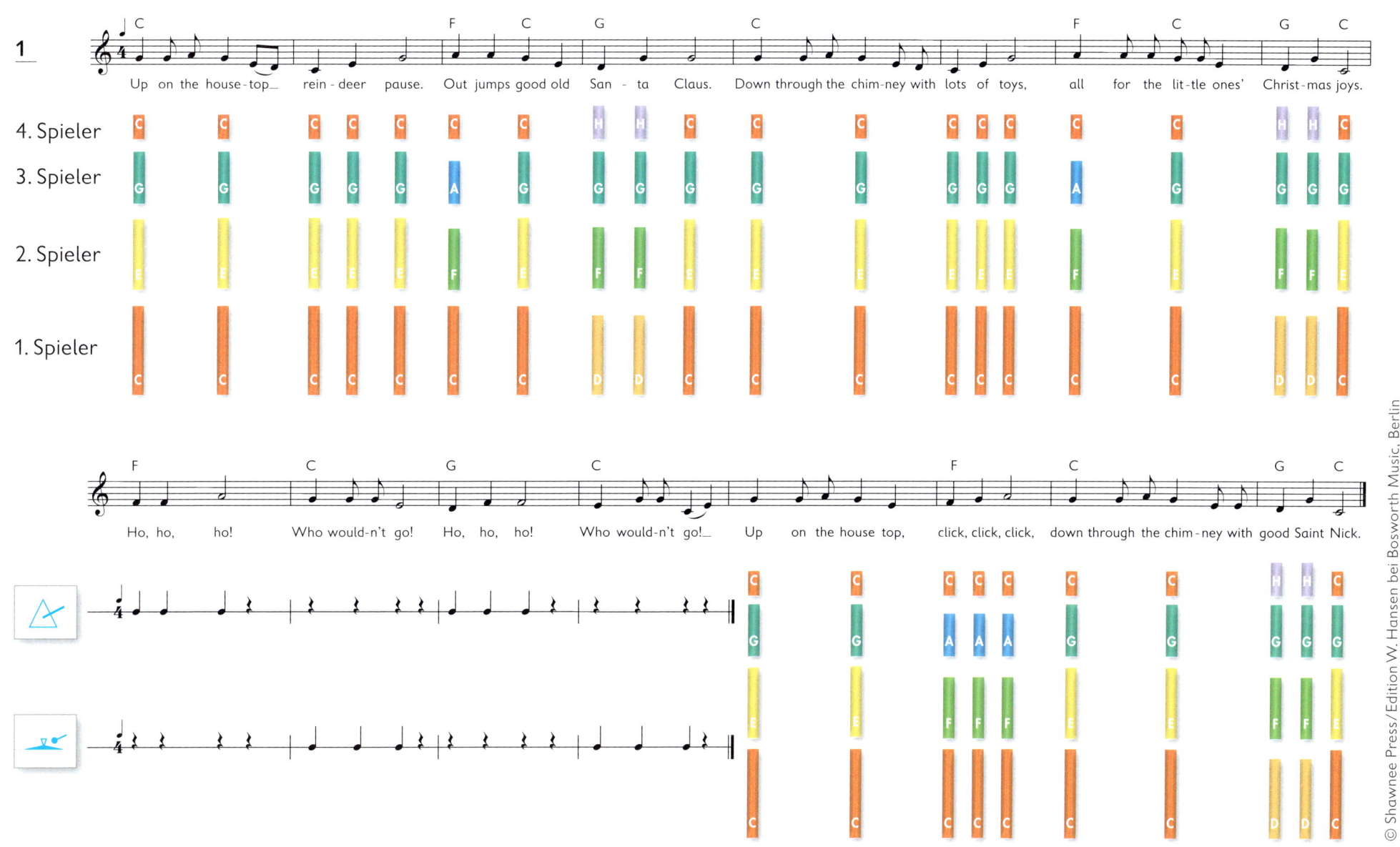

zu SB Seite 26   **1** Singt das amerikanische Weihnachtslied und begleitet es mit Boomwhackers, Hängebecken und Triangel.

Filmmusik komponieren und spielen

1

Beispiel 1:

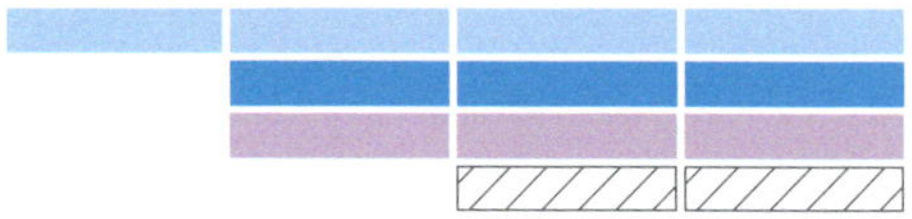

Beispiel 2:

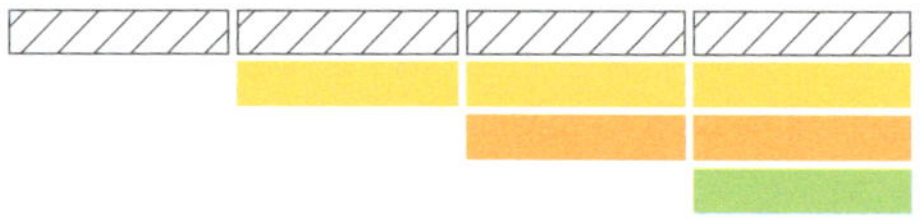

- ▨ Sopranblockflöte
- ▬ Glockenspiel 1
- ▬ Glockenspiel 2
- ▬ Glockenspiel 3
- ▬ Tastatur
- ▬ Bass-Stäbe

18 zu SB Seite 30 **1** Stellt eure eigene Filmmusik zu „Das Geheimnis des Alten Klosters" zusammen (pro Gruppe: 4–8 Kinder). Dieser Baustein ▨ sollte auf jeden Fall verwendet werden. Übt die Musikbausteine zunächst einzeln.

Lolis Reise ins Zaubermeer

1

Blockflöte
Glockenspiel
Klavier

Sopran-
Glockenspiel

Bassklangstäbe

erster Schluss _____ zweiter Schluss _____

zu SB Seite 30   **1** Spielt „Die Reise ins Zaubermeer" in kleineren Gruppen. Zwei Kinder spielen die 1. Stimme und ein Kind die 3. Stimme.
Die 2. Stimme sollte von 3 Kindern mit jeweils einem Glockenspiel gespielt werden.
Übt die Musikbausteine zunächst einzeln.

19

Mozart und wir – Lied des Papageno (Mitspielsatz)

1

2

3

zu SB Seite 34/35  I/49

1 Übt zuerst gemeinsam den Rhythmus, der immer wieder benötigt wird.
2 Übt nun die schnelle Folge der Fünftonreihe auf dem Glockenspiel. Besser geht es mit zwei Schlägeln im Wechsel. Oder man streicht mit dem Schlägel über die fünf Töne.
3 Auch mit der Blockflöte kann man diese Fünftonreihe spielen.

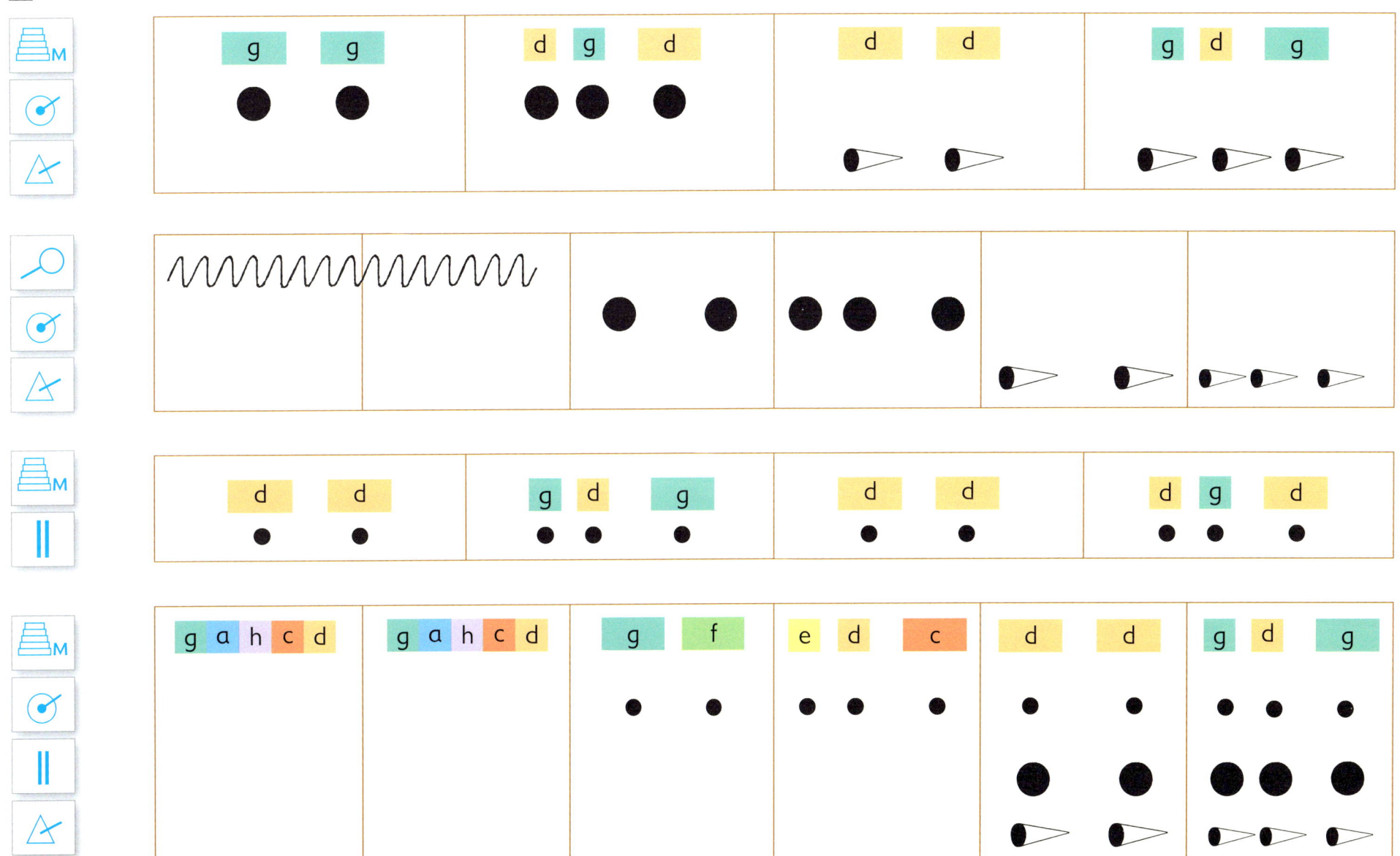

4 Musiziert zu Papagenos Gesang diesen Mitspielsatz.

Gewitter

1

Worte: Erwin Moser

	Instrumente/ Klangerzeuger	Musik und Klänge
Der Himmel ist blau	🎼	∿∿∿∿∿∿∿∿∿∿∿∿∿∿∿∿
Der Himmel wird grau		
Wind fegt vorbei		
Vogelgeschrei		
Wolken fast schwarz		
Lauf, weiße Katz!		
Blitz durch die Stille		
Donnergebrülle!		
Zwei Tropfen im Staub		𝄞 ♩ ♩
Dann prasseln auf Laub		
Regenwand		
Verschwommenes Land.		

© 1999 Beltz & Gelberg in der Verlagsgruppe Beltz, Weinheim/Basel

zu SB Seite 38/39   **1** Erfinde deine eigene Klanggeschichte und schreibe sie auf. Musiziert in Gruppen und stellt euch eure Ergebnisse vor.

	Instrumente/ Klangerzeuger	Musik und Klänge
Blitze tollen Donner rollen		
Es plitschert und patscht Es trommelt und klatscht		
Es rauscht und klopft Es braust und tropft		
Eine Stunde lang Herrlich bang		
Dann Donner schon fern Kaum noch zu hör'n		
Regen ganz fein Luft frisch und rein		
Himmel noch grau Himmel bald blau!	⊓⊓⊓	∿∿∿∿

Wir spielen Schlagzeug

Grundbeat

1
rechter Fuß
(Bass-Drum)

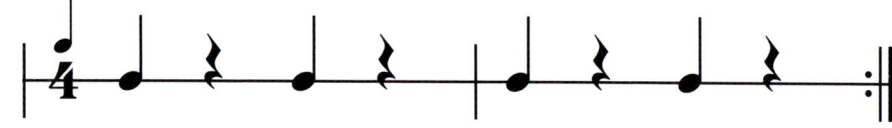

2/3
linke Hand
(Snare)

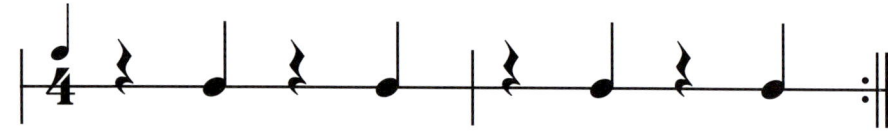

4/5
rechte Hand
(Hi-Hat)

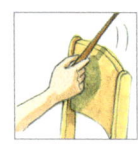
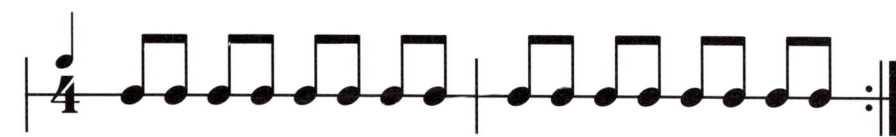

zu SB Seite 46/47

1. Setzt euch mit zwei Essstäbchen verkehrt herum auf einen Stuhl. Tretet mit dem rechten Fuß (Bassdrum auf den Zählzeiten 1 und 3) laut auf. Sprecht in den Pausen „ps".
2/3. Schlagt mit dem linken Stäbchen auf die Sitzfläche vor euch – auf die Zählzeiten 2 und 4. Probiert das Ganze langsam mit dem Fuß-Rhythmus zusammen.
4. Die rechte Hand schlägt auf die Lehne. Achtung: Das muss mit der linken Hand über Kreuz geschehen.
5. Spielt alle Stimmen gleichzeitig. Rechter Fuß, linke und rechte Hand setzten nacheinander ein. Spielt diesen Rhythmus zu einem Rock-Song aus dem Radio oder Internet.

Pattern

6

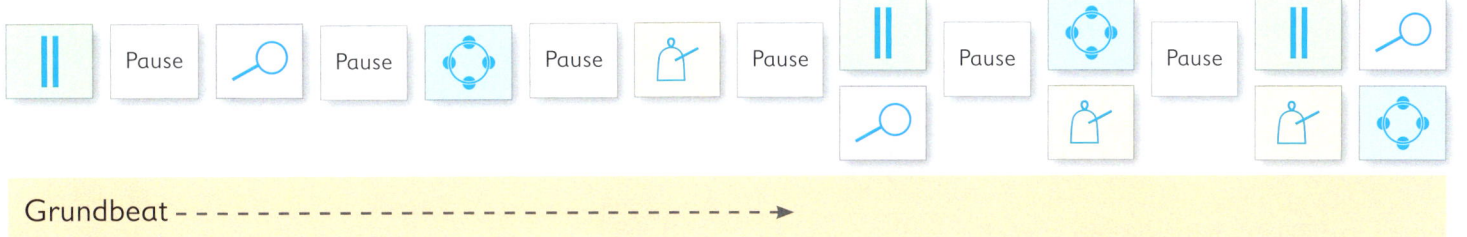

Möglicher Aufbau:

Grundbeat ---------------------→

6 Spielt diese Pattern mit Rhythmusinstrumenten zum Grundbeat. Ein Kind zeigt den Gruppen die Einsätze und Abschlüsse an.

Sababou

1   Zu Beginn 2 oder 4 Takte zur Musik einzählen.

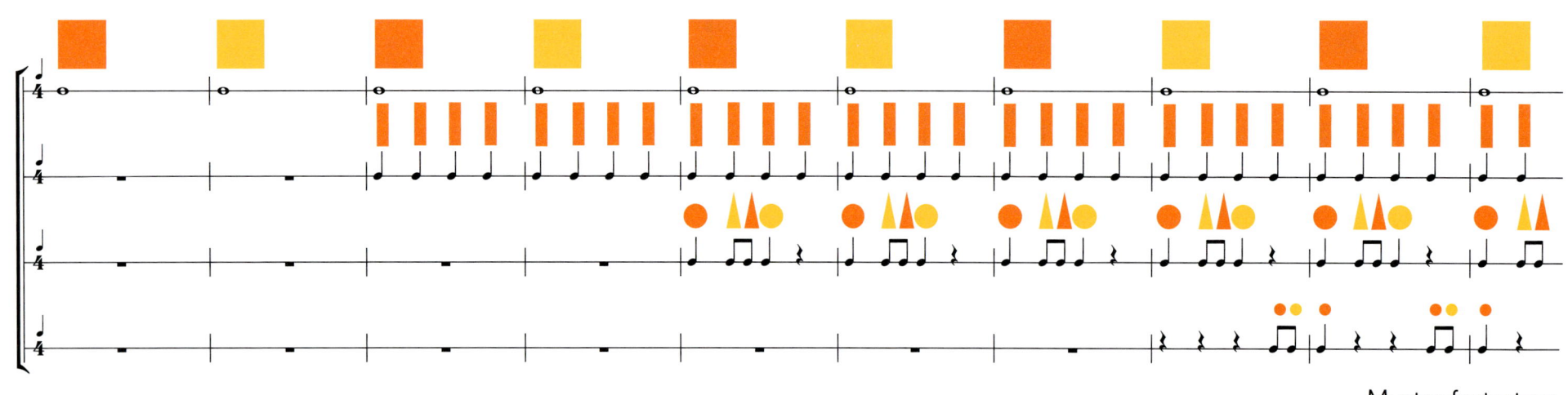

Muster fortsetzen

   Patschen auf Po (orange = rechts, gelb = links)

|||| Klatschen auf Handrücken

   Patschen auf Oberschenkel (orange = rechts, gelb = links)

▲ ▲   Patschen an Hüfte (orange = rechts, gelb = links)

• •   Patschen auf Brustkorb (orange = rechts, gelb = links)

26   zu SB Seite 50   II/12   **1**   Übt die verschiedenen Bodypercussionelemente zunächst ohne Musik, dann zur afrikanischen Musik.

Obwisana sana

zu SB Seite 51 II/15 **1** Übt auch die Begleitmelodie und die Begleitrhythmen zunächst ohne Musik, danach mit dem Lied zusammen.

Charleston mit Butterbrotpapier

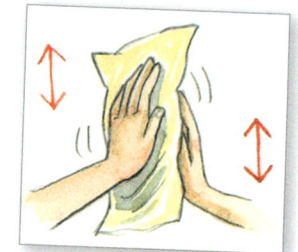

1

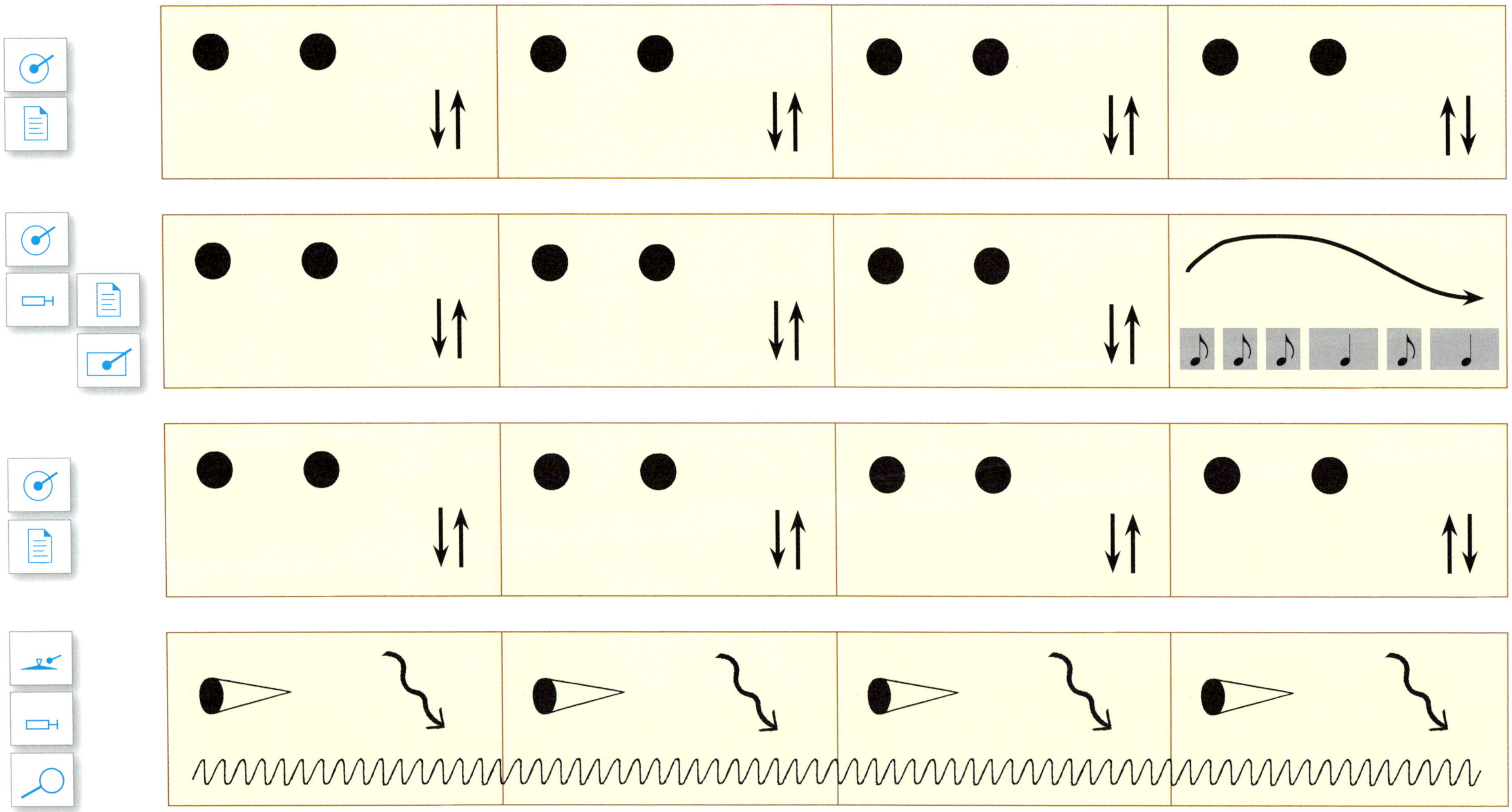

28 zu SB Seite 58/59   II/26   **1** Musiziert gemeinsam diesen Mitspielsatz zum Intro und zum Schluss des Charleston.
Der linke Teil des Mitspielsatzes passt auch zu den Soloteilen 1, 2, 3, und 4. Spielt dazu leiser und/oder mit weniger Spielern.
Verwendet als besonderes Instrument Butterbrotpapier, das ihr kurz hoch und runter bewegt.

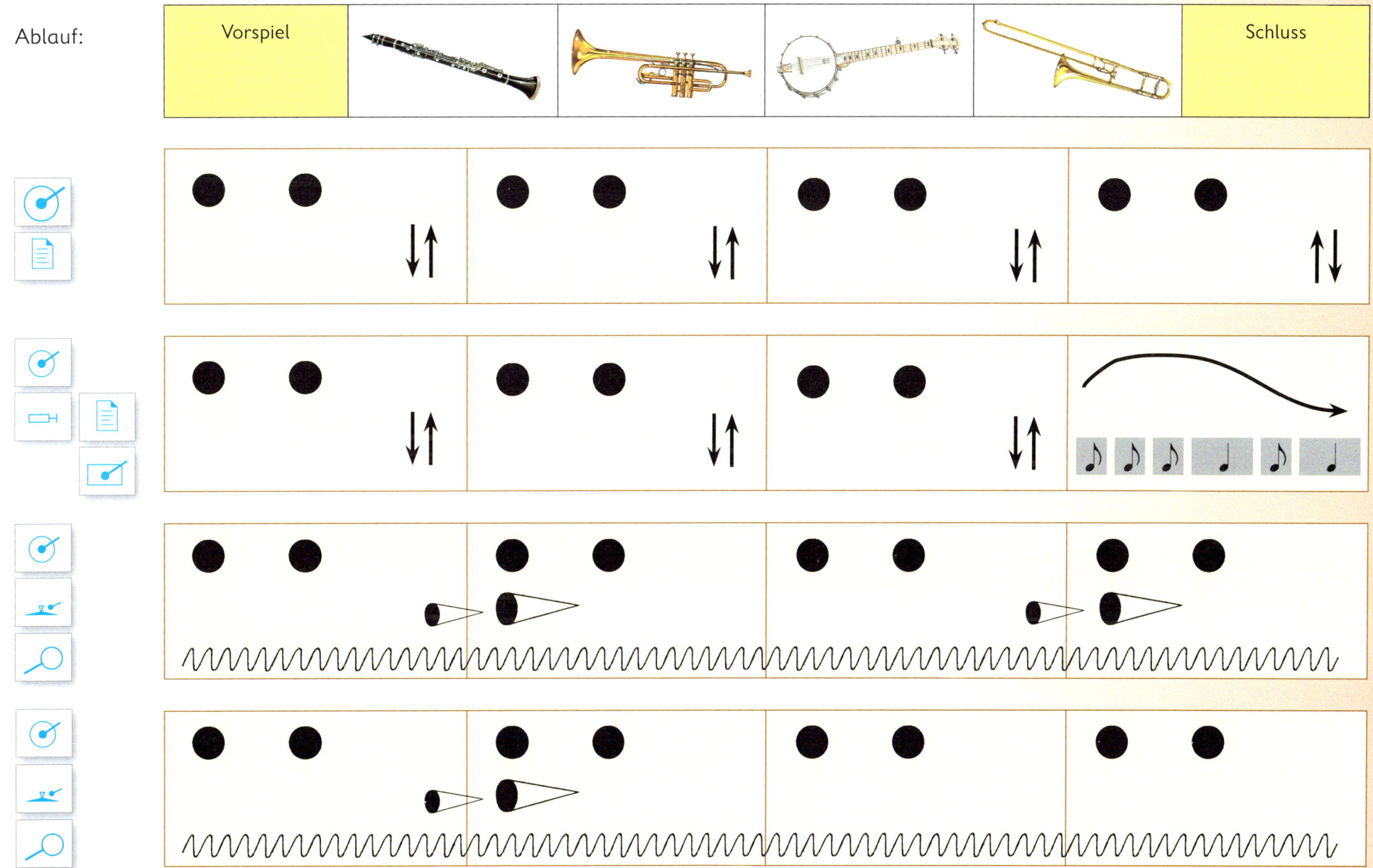

Sommer

1 Ich bleib hier

Vorspiel

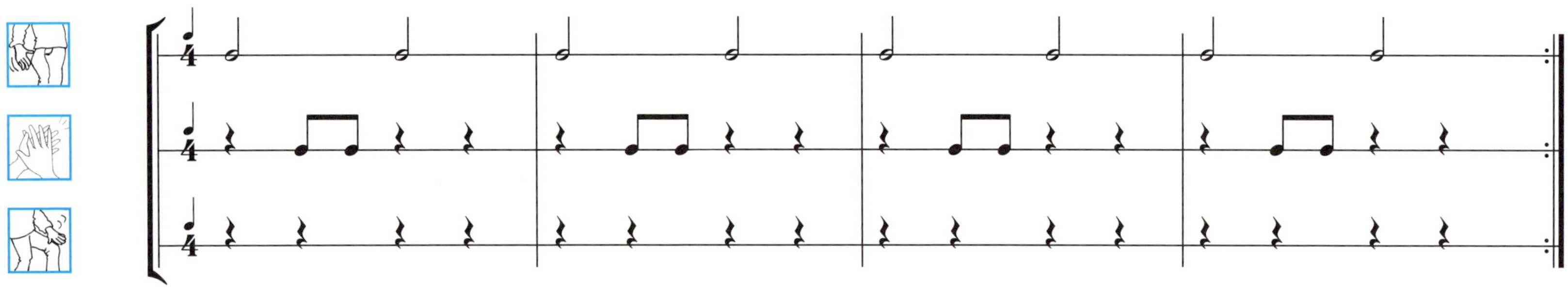

nach Wiederholung
Strophenbeginn

Refrain

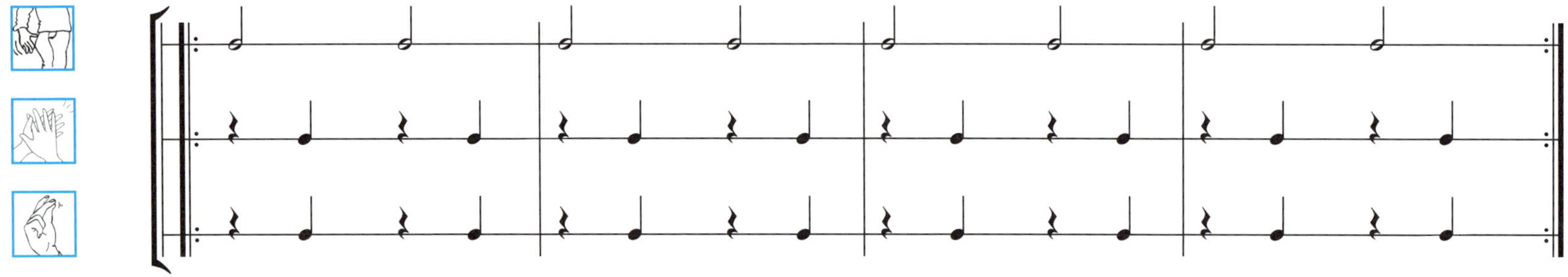

1 Vorübungen: Übt zu den gestampften Grundschlägen zunächst jede Zeile einzeln.
Übt danach zwei, dann drei Zeilen gleichzeitig.
Begleitet dann das Lied „Ich bleib hier".

2 In the summertime

2 Übt den Begleitrhythmus mit den Boomwhackers zu Grundschlägen.

Abschied

1 Vor- und Zwischenspiel

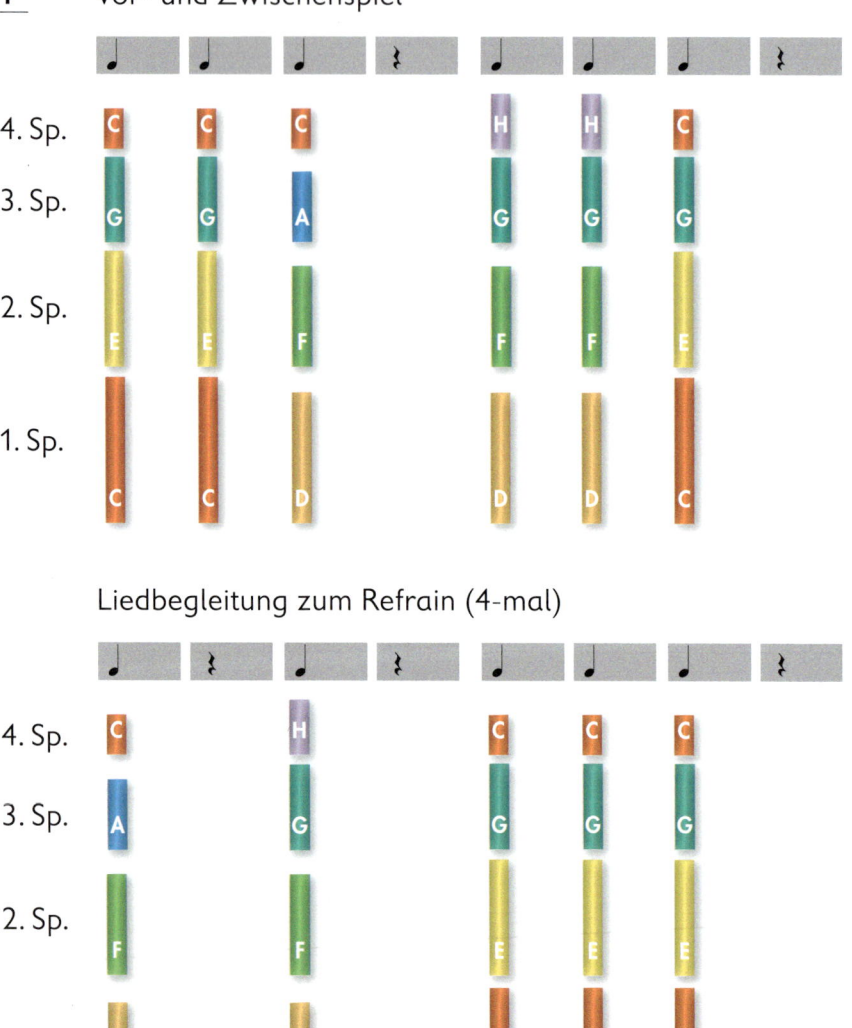

Liedbegleitung zum Refrain (4-mal)

2

W: R. Mölders/D. Schröder
M: R. Horn

1. Die vier Jahre geh'n zu Ende und wir sagen: Tschüss! Macht's gut! Vor uns liegen Abenteuer, da braucht jeder eine Menge Mut. Wir sind nun echte Freunde, die zusammenhalten, schaut nur her! Die Grundschulzeit war wirklich toll, der Abschied fällt uns schwer. 1.–3. Ja, ein Kapitel geht zu Ende, und bald schon fängt ein neues an, und mit ganz viel, viel Mut und Neugier geh'n wir an das, was kommt, heran. Und mit ganz ran.

2. Manchmal war das Lernen schwierig
und es brauchte seine Zeit.
Doch das eine, das ist sicher:
Wir Kinder wissen nun Bescheid.
Ob Mathe oder Sprache,
Musik, Kunst, Sport und Religion,
die Schule hat uns Spaß gemacht,
doch leider geh´n wir schon.

3. Nun zu euch, ihr lieben Eltern,
ihr wart immer für uns da,
und ihr habt uns stets begleitet,
durch dick und dünn, die ganzen Jahr'.
Wir war'n ne tolle Klasse,
das sehen selbst die Lehrer ein.
Doch fällt der Abschied uns auch schwer,
ihr könnt auch fröhlich sein.

zu SB Seite 64/65 **1** Erarbeitet das Vorspiel und die Liedbegleitung zum Refrain.
Jeder Spieler spielt zwei Boomwhackers, einen mit links und einen mit rechts.
2 Singt das Lied mit instrumentaler Begleitung, mit Vor- und Zwischenspiel.